忆江南·出行掠影

MEMORIES OF THE SOUTH

上海汽车博物馆 苏州博物馆 洛阳博物馆 主编

忆江南

出行掠影

天津出版传媒集团
新蕾出版社

图书在版编目(CIP)数据

忆江南·出行掠影 / 上海汽车博物馆，苏州博物馆，洛阳博物馆主编. -- 天津：新蕾出版社，2021.12
ISBN 978-7-5307-7242-3

Ⅰ. ①忆… Ⅱ. ①上… ②苏… ③洛… Ⅲ. ①古代交通工具-中国-少儿读物 Ⅳ. ①K875.3-49

中国版本图书馆CIP数据核字(2021)第181985号

书　　名：忆江南·出行掠影　YI JIANGNAN·CHUXING LÜEYING
图书策划：姚　畅　钱兆悦　李文初　王思怡
出版发行：天津出版传媒集团
新蕾出版社
http://www.newbuds.com.cn
地　　址：天津市和平区西康路35号（300051）
出 版 人：马玉秀
电　　话：总编办(022)23332422
发行部(022)23332679　23332677
传　　真：(022)23332422
经　　销：全国新华书店
印　　刷：天津海顺印业包装有限公司
开　　本：787mm×1092mm　1/16
字　　数：60千字
印　　张：6.25
版　　次：2021年12月第1版　2021年12月第1次印刷
定　　价：48.00元

「序言」

衣、食、住、行，既是人类生活中的四件大事，也是反映物质文化发展的指针。其中“行”指的就是交通文化。交通文化是一种文化形态，具有独特的表现手段和内容，是人们在社会活动中依赖于以交通方式、交通资源、交通技术为支点的信息活动而创造的物质财富和精神财富的总和。

博物馆所收藏的人类文明发展的“物证”中，与交通文化相关的内容一直占据着较大的比例。在以交通为主题的博物馆中，最常见的要数火车（铁道、机车）博物馆、汽车博物馆了。

在位于英国北约克郡的英国国家铁路博物馆（National Railway Museum）中，复制的站台上用复杂但有序的白色脚印再现了“女王驾到”的瞬间，巧妙地呈现出了火车与人的故事。而在史密森研究院博物馆群最新建立的博物馆——美国非裔美国人历史和文化国家博物馆（National Museum of African American History and Culture）中，现代交通工具火车又成了展示“种族空间隔离”的道具，令人过目难忘。英国河滨博物馆（Riverside Museum）中，各类机车、模型、技术的展示与200多个工人的故事被融合在一起，再现了机器制造、财富和人的关系，人们参观之后，对于为什么这里会同时诞生瓦特和亚当・斯密就有了深刻的理解。从以上这些较为经典的案例我们可以看出，以交通为主题的展览真是一门大学问！

近期，位于长江三角洲地区的两家具有代表性的博物馆——上海汽车博物馆和苏州博物馆，合作举办了这样一个交通主题的展览——《行以致远——水陆出行掠影生活展》。这个展览不仅立意、内容很有创意，展览设计也很有新意，是一个主题对话展。

展览通过“不系之舟”“信马由缰”“暖日乘轿”“一路飞驰”四个篇章，聚焦四大类水陆交通工具及其相关的文化元素，将现代交通工具和古代历史文物融会在一起，实现了对历史文物的“再发现”。

上海汽车博物馆是中国首家大型综合性汽车行业博物馆，是交通文化的集中展示地，主题围绕现代交通工具——汽车这一事物。汽车是机械动力发明之后人类主要的交通工具，代表了当代人类的出行方式，同时汽车文化也成为人们生活中不可或缺的一部分。

苏州博物馆作为历史类的综合性博物馆，它的藏品主要与传统古典艺术相关。在“全国一级博物馆运行评估”中，苏州博物馆的成绩每年都排在前列，最近20年来所获荣誉无数，粉丝暴涨，深受国内外游客的喜爱。国际知名博物馆学家金莎·赖斯（Kym Rice）、珍妮特·马斯汀（Janet Marstine）等在被问到最喜欢的一家中国博物馆时，均毫不犹豫地回答“苏州博物馆”。

这样两家不同特色、不同风格的博物馆，它们的不期而遇又会擦出什么样的“热恋火花”呢?

行，当以致远。这次展览精心甄选了近80件展品，其中一级文物4件，等级文物20余件。相信通过这次展览，不仅观众，策展人通过展品的选择也会对文物知识图谱有更加深刻的认识，因为我们仅仅通过藏品档案、著录等信息，并不能具体了解一件文物中有多少条小船、多少匹马，只能大概判断它与“出行”相关，至于是不是代表性的交通题材展品，相关专家也不敢贸然断定。因此，这个跨界的展览从一开始就是彼此学习、共同提高的过程。

此外，这次展览的互动教育环节也非常有趣。比如在传统书画、雕刻作品中寻找“交通文化”要素，这种“视觉大发现”一类的游戏，让现场的“车迷”观众乐在其中。这是过去的书画作品展上从未有过的现象。跨界融合，惊奇连连。2022年，“行以致远2.0”展览将于洛阳博物馆展出。

这本科普互动图书是此次展览的衍生读物，也是展览结束之后最好的展览记录和资料档案，我们希望能通过书籍的形式发布学术成果、释放学术能量，嘉惠更多未能到场的观众。

这次展览的创意以及图书的编写，是青年策展团队集体劳动的成果，姚畅女士贡献尤多，又得到苏州博物馆陈瑞近馆长、钱兆悦书记、谢晓婷副馆长以及洛阳博物馆李文初馆长的全力支持，我忝为学术主持。这是一次让我向青年策展人学习的机会，我要特别提出感谢。

2020年新冠疫情肆虐全球，博物馆积极“应战”，推出了形式多样的线上活动，本次展览也是首先以“数字展览”的形式发布的，在某种意义上实现了“将博物馆带回家”的愿望。

是为序。

潘守永（上海大学教授，上海大学图书馆馆长）

2020年12月

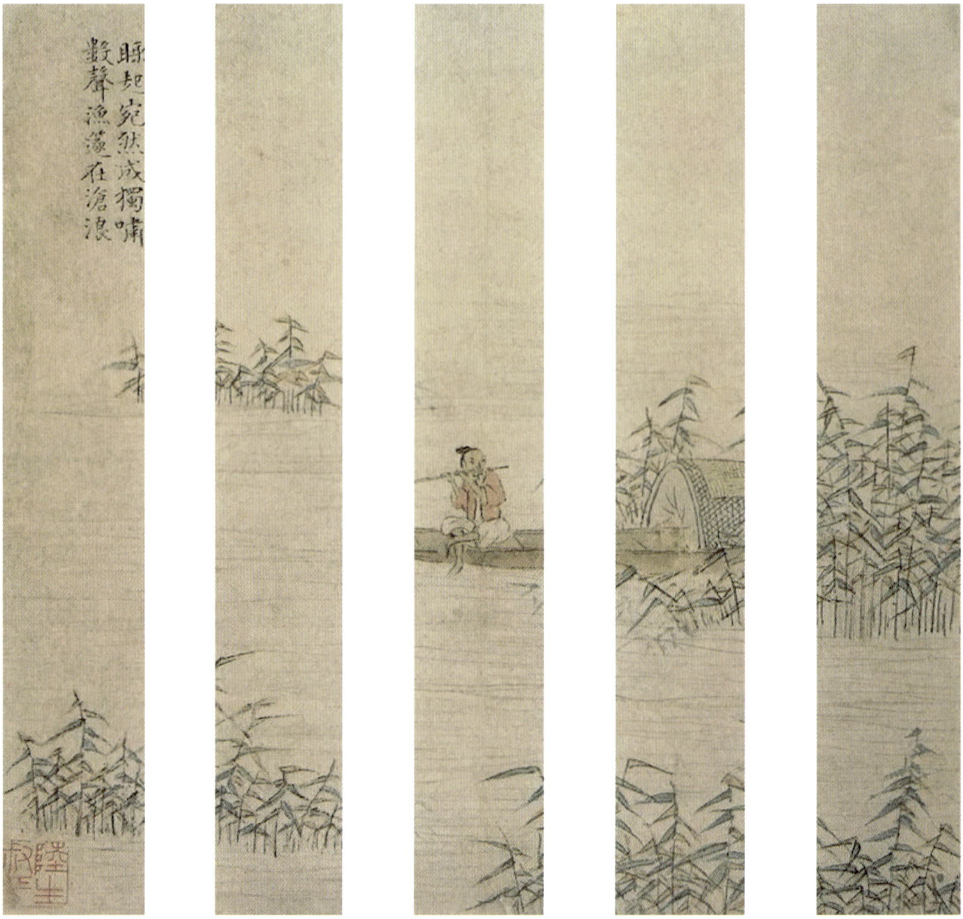
眠起宛然成獨嘯
數聲漁篴在滄浪

目 录

1. 不系之舟

2. 信马由缰

3. 暖日乘轿

4. 一路飞驰

5. 展览简介

1

不系之舟

1. 不系之舟

在数千年的历史长河中，人类有很多活动是在水上进行的，由此便出现了水上交通运输工具——船。古代劳动人民用他们的智慧创造出了能够用于远行、运输、游览的船只，打破了空间对人类的限制。而江南的船只还承载着独具魅力的水乡记忆，让人获得宁静，不慕外界繁华，不羡他处喧嚣。

Chapter One:
Boating

OVERVIEW OF THE DEVELOPMENT OF CHINESE SHIPS

1.1 中国船只的发展概览

在漫长的劳动和生活实践中，聪明的人类逐渐认识到落叶、树干、葫芦、原木、皮囊等在水中具有浮力，因此“刳木为舟”，制造出了独木舟。独木舟就是木板船的雏形，也是人类历史上最原始的船。位于浙江萧山的跨湖桥遗址博物馆就保留着一艘出土于跨湖桥新石器时代遗址的独木舟，距今已有 8200 到 7800 年的历史。和这艘独木舟一同出土的，还有石锛（bēn，木工用的一种削平木料的工具）和与之相配套的木柄。在独木舟的近旁，人们发现了相当数量的木材，其中还有两把正在加工中的木桨。跨湖桥独木舟的发现，证明我们中国的舟船文化最早发端于 8000 多年前。

到了春秋战国时期，各诸侯国之间的兼并战争激烈而频繁，从辽阔的中原到江河交错的江南，硝烟四起。中原战争多用车，江南水战则以舟船为主。战争的需要推动了造船业的发展，也促进了船型的多样化。1978年，人们在战国时期的中山国都城灵寿（今河北灵寿）遗址发现了用木板制造的木船，木船上除了使用卯榫结构外还使用了铁箍进行拼接。

楼船是汉代最具代表性的船型，它的甲板上有庐、飞庐和爵室这三层建筑。

福船是福建、浙江沿海一带尖底海船的统称，其船型多样，用途相当广泛。明代抗倭名将戚继光在闽浙沿海抗倭时，就选用了福船作为战船。郑和下西洋时所乘的宝船也是福船的一种。宝船是郑和船队中的主体，它在郑和船队中的地位相当于现代海军中的旗舰、主力舰。

沙船是发源于长江入海口一带的方头、方梢、平底的浅吃水船型。沙船多桅多帆，船身具有宽、大、扁、浅的特点。平底船有很多优点，首先是能坐滩，不怕搁浅，所以能在沙质海底的海域航行，也可在江河湖泊中航行；其次在遇到风浪的时候，因为吃水浅，其受到波浪的影响比较小，所以也能安全行驶。古时候，崇明制造的沙船最为出名，附近的太仓、浏河、南通、海门、常熟、嘉定、江阴等地也有制造沙船的地方。清代道光年间，全国有沙船万余艘，仅上海一地就有5000余艘。

还有一种较为知名的船型——广船。广船头尖体长，上宽下窄，一般有三根桅杆，帆如张开的折扇。广船吃水深，甲板梁拱小，有比较好的耐波性。此外，广船的舵叶上有许多菱形的开孔，这种开孔舵的操作更加轻松简便。广船一般用热带的硬木制造，船体坚固，不容易腐坏，使用寿命长。

清代同治三年（1864），曾国藩率领的湘军攻破太平天国的首都天京（今江苏南京）。颇受曾国藩器重的中国近代造船业的先驱徐寿等人的轮船制造工作也迁到了南京。1865年4月，中国自行设计制造的第一艘轮船建成，被命名为“黄鹄”号。

MAIN USES IN DIFFERENT PERIODS

1.2 不同时期船的主要用途

江南地区是水网地区（即河湖众多的平原地区），水生资源丰富。新石器时代，生活在这里的人们就过着饭稻羹鱼的生活，渔猎是先民重要的生活来源之一，这一传统延续至今，因此，船只成了生活在这里的人们必不可少的工具。

后来大运河开通，内河航运更加便利，船只又成为主要的交通运输工具。漕粮北运一直以来都是河运的重头戏。漕粮指我国封建时代通过河运和海运由东南地区运至京师的税粮，兴起于两汉，盛行于唐宋，明清时期成为定制。

那时候，河道中除了有运货的船只——乌篷船或白篷船，还有座船（即官船）、渡船、客货两用船、作为游船的灯船等，远远望去，船夫们有的撑篙，有的摇橹。灯船的船头至船尾一般挂有十多盏羊角灯，夜里灯船张灯河上，供人们游览宴饮。

古代海上丝绸之路经济交流频繁，多边贸易活跃，沿线不同国家和地区的人们几乎都参与到这一商业活动中。

1863年12月，淮军收复苏州，李鸿章移驻城中，他把之前在上海创办的上海洋炮局也迁到了苏州，上海洋炮局更名为苏州洋炮局。1865年6月，在虹口旗记铁厂原址正式成立了中国第一座制造“制器之器”的近代工业母厂——江南机器制造总局，简称“江南制造局”。这里制造了中国的第一艘兵轮（即军舰）——“惠吉”号，惠吉的汽炉和木船壳均系自造，主机则由国外旧机器改装而成。

FOLK CUSTOMS
ON BOAT IN JIANGNAN WATER VILLAGE

1.3 江南水乡的船上民俗

老子在《道德经》中说："甘其食，美其服，安其居，乐其俗。"这是人们对美好生活的精炼概述。船只作为人类古老的交通工具之一，早已和人们的生产、运动和民俗生活分不开了。

宋元时期，龙舟竞渡十分兴盛。宋代的皇亲贵戚对观看龙舟竞渡表演尤为喜爱。到了明清时期，上自皇室贵胄下至黎民百姓，都十分重视龙舟竞渡。《清嘉录》中记载，江苏苏州有端午节祭祀春秋末期吴国大夫、军事家伍子胥的习俗，江苏一带的赛龙舟比赛也是为了纪念他。而苏州的龙舟竞渡就发源于"胥门塘河"，即今天的胥江河。

在清嘉庆元年（1796）前后，浙江杭嘉湖地区出现了被称为"十八顶半网巾"(即十八个演员加一个管事)的船台班，他们往来于水乡村镇，在水边或船上演出戏剧。

那时候，还有一种表演形式叫船拳，顾名思义就是表演者在船上打拳，内容包括徒手套路、器械套路和功法练习等。船身的不停晃动和甲板的面积限制，不仅增加了船拳表演者的表演难度，也对他们的身体和心理素质提出了更高的要求。

太湖流域是"江南船拳"的发源地，苏州的越溪、沙家浜、北桥地区都是船拳的流布地。船拳的历史可追溯到春秋吴越争霸时期，唐宋时最为兴盛，明清以后逐渐变成苏州的民俗休闲文化。

此外，住在水乡的人们还有很多独特的民俗文化，例如婚俗中有托媒、看人、合八字、定亲、通信、上头盘、亮行嫁、迎亲等环节，还有最能体现水乡婚俗特点的在迎娶前后数天举办的水乡婚礼大典等。完整的水乡婚俗有四个“必备”：必备吹吹打打的堂名鼓手，必备熟知婚礼过程的喜娘，必备兼任司仪的茶担师傅，必备迎娶新娘的花轿和迎亲船只，以及能完成“外出跳”“摇出水”这些高超技艺的摇橹手。

APPRECIATION OF THE EXHIBITS

1.4 展品赏析

祝昌《溪山无尽图卷》

书画作品，清代。

这件长轴作品约10米长，我们在此展示了其中约2米的内容。从局部画面我们可以看出，作品的构图十分讲究。画面中，山水是作品的主要元素，图中的一叶扁舟，恰到好处地展现了整幅画的灵魂，可谓神来之笔。

画面中还有山间小屋，有丛林环绕，大家是不是可以想象到傍晚时那里炊烟袅袅，院中还传出阵阵孩童的嬉戏声呢？通过这幅画，我们能感受到作者的纵情恣肆、随心所欲，看到不动声色的诗情之美。

祝昌《溪山无尽图卷》

陆治《唐人诗意山水册》

书画作品，明代。

作者陆治，江苏苏州人，居太湖包山。陆治出生于乡绅之家，他行为端正，孝敬高堂，视金钱如粪土。相传，陆治曾断然拒绝了直接用金钱向他求画的人。在他看来，“吾为所知，非为贫也”。由此，他不慕功名、不恋金钱的文人之气可见一斑。他晚年隐居于苏州西郊的支硎（xíng）山。

《唐人诗意山水册》是陆治 61 岁时所作，是陆治将花鸟、山水两者进行结合的典型作品。这件作品共有十开，每开以唐人诗意命题作画，或是山水，或是人物，或是禽鸟，再以春、夏、秋、冬随意置景。

陆治用处于虚实之际的笔墨来呈现物象，线条以浓墨为主。在勾勒时，他干而犹湿、枯而含润的笔触展现了独特的情趣。他将画面处理得相当清楚，笔墨虽细碎但并不拥挤杂乱；他并不强调物象的立体感，笔下的人物和房屋都显得天真质朴，透露出他渴望摆脱尘世的愿望。画家用笔苍健，用色明润，册页中的景致表现了画家淡泊名利、不为世俗所侵扰的情怀。

陆治《唐人诗意山水册》

白玉人物槎（chá）

玉器，清代后期，这是一件雕塑艺术作品。雕塑艺术是造型艺术的一种，又被称为雕刻，是雕、刻、塑三种创制方法的总称。这件白玉人物槎运用了圆雕、浮雕、阳刻等雕刻手法，以柳树枝干为槎，刻画出渔家乐与仙人浮槎相融合的场景。

白玉人物槎

洛阳博物馆特色藏品图

RELATED POEMS

1.5 相关诗词

武丘寺路

白居易

自开山寺路，水陆往来频。
银勒牵骄马，花船载丽人。
芰荷生欲遍，桃李种仍新。
好住湖堤上，长留一道春。

2

信马由缰

2. 信马由缰

自古以来，马与人类就有着特殊而密切的关系，马的驯养和利用深刻影响着人类的生活。马负重致远、骁勇善战，不仅是农业生产、交通运输和军事活动的主要动力，还丰富着人们的娱乐生活和艺术创作，形成了独特的马文化。与此同时，马车作为古人使用最为广泛的交通工具，也表现了中国古代人民的聪明智慧和无限创意。

Chapter Two:
Horse Riding
第二篇章
信马由缰

DOMESTICATION OF HORSES

2.1 马的驯化

马的驯化一直都受到人们的重视。家马是由野马驯化而来的，科学家的基因研究表明，这个驯化的过程最早可能是在距今 6000 年左右的欧亚草原西部完成的，在哈萨克斯坦的波泰遗址中发现的大量马骨表明，当时的人类已经具备了驯养马的能力。

中国的家马最早出现于黄河上游地区，人们在距今 3700 年左右的甘肃永靖大河庄齐家文化遗址中发现了随葬的三块马下颌骨，在甘肃永靖秦魏家齐家文化墓地里也发现了随葬的马骨。殷墟甲骨文的研究证明，早在 3000 多年前的商代，干支纪日得到广泛应用，后来，地支中的“午”与马对应了起来。

陕西延安的甘泉县博物馆收藏了一件青铜马，这是迄今为止国内发现较早的青铜马圆雕艺术品之一。在秦国建立以前，秦人以养马为主要职业，并担负着为周王室抵御西戎的责任。秦国建立后，历代国君都非常重视养马业。秦穆公时（前 682 — 前 621）出现了一位中国历史上非常有名的相马专家——孙阳，他因相马技术精湛而被称为伯乐。

伯乐将自己长期的相马经验进行总结，撰写了《相马经》一书，他将马依照品种、体形和毛色进行分类，依据马各个部位的形状、尺寸和比例进行归纳，总结出良马应具备的基本特征及具体外形。现在，我们可以在秦始皇帝陵园外城东侧看到专设的规模庞大的马厩坑，以及形象逼真的圉（yǔ）人（即养马的人）俑。

从秦代起，古代王朝基本都会建立以都城为中心、辐射全国的驿道（相当于现在的国道），驿道旁每隔一段距离建一座驿站，为传递公文和军事消息的驿传人员提供食宿，并喂养驿传人员专用的马匹等。每座驿站内都配有人马，以备接换。

到了汉代，邮驿制度有了长足的发展，设置了亭、驿、置等传递公文、信件的机构，确定“驿马三十里一置”。这种制度在唐代更加兴盛，并延续了很长时间。汉代时，政府还设立了专门的养马机构——六厩，包括未央厩、承华厩、騊駼（táo tú）厩、辂軨（lù líng）厩、骑马厩、大厩。为加强军事力量，汉武帝非常重视西域马的引进。这些驯养后的马匹被广泛应用于信息传递和物资运输，长期以来成为陆上交通最重要的核心。

EQUESTRIAN SPORTS IN THE TANG DYNASTY

2.2 唐代的马术运动

到了唐代，马术运动逐渐兴盛。其中的马球运动是一项参与者骑马飞驰、以杆击球的竞技项目，又称“波罗球”“击鞠”等，相传源自波斯。早在汉代的画像砖中，已经出现了马球运动的图像。当然，马球运动对马匹、场地设施等都有很高的要求，骑乘者的骏马也要膘肥体壮、灵活善奔，这样才能在宽阔的场地中“东西驱突，风回电激”。

唐代还有一项集艺术性、娱乐性为一体的精彩表演，那就是舞马。训练有素的舞马灵敏聪慧、技艺高超，可随音乐翩然起舞，还能以口衔杯，敬酒献寿。

随着时代的发展，马作为交通工具的属性逐渐被其他交通工具所取代，但具有游艺色彩的马术运动，至今仍作为体育项目向世人展现着它独特的魅力。

THE CARRIAGES IN CHINA

2.3 马车在中国

中华民族是最早使用车辆的民族之一，我国马车的发源时期在夏商或更早，古代神话中就有“奚仲作车”和“黄帝作车”两种传说，在殷墟出土的甲骨文中，也多次出现了形象为“车”的甲骨文。一般情况下，“车”字旁边都有“马”字跟着，这就证明了当时是有过马车的。马车作为古人使用最广泛的交通工具，一度成为衡量一个国家强盛与否的重要标志，比如“千乘之国”“万乘之国”等说法，就彰显着中国古代劳动人民的智慧和创意。

目前我们能够见到的最早的马车实物遗迹是殷墟出土的商代车马坑。20 世纪 30 年代以后，殷墟发掘中不断有商代晚期的马车遗迹出土，证明商代确实已使用马车。秦汉时期，常见的车型是由战车发展而来的轺（yáo）车，轺车是一种车顶有伞盖、四面空敞的马车，多驾一马，也可驾二马，顶部有车盖。轺车因为车厢小而轻便快捷，又被称为“轻车”。

APPRECIATION OF THE EXHIBITS

2.4 展品赏析

秦始皇陵一号铜车马

这是一件 1∶1 的仿制品，原件是国家一级文物，收藏于西安的秦始皇帝陵铜车马博物馆。

铜车马是秦始皇的陪葬品之一，它是秦代工匠按照当时真人真车的二分之一比例用青铜、金银铸造而成的，它的出土让我们了解了秦代御用车驾的真实面貌。

那么，铜车马被发掘时又是什么样子的呢？1980 年 12 月，考古工作者在秦始皇帝陵封土（帝王坟墓上方堆起的土丘）西侧 20 米、距地表 7.8 米深的地方发掘出了两乘大型彩绘铜车马。两乘铜车马一前一后被放置在一个木椁内，因木椁腐朽，填土塌陷，铜车马出土时均已被压碎，但由于未被盗扰，这些碎片没有离开原来的位置，车马的构件也基本齐全。

1988 年 4 月，经过长达近 8 年的精心清理和修复，它们的原貌得到了恢复，人们终于见到了两千多年前秦始皇銮驾的风采。这两乘铜车马每辆车的制作材料中含白银 4 千克，黄金 3 千克，每辆车总重量有 1000 多千克。其中一号车车前有四匹铜马，车舆平面呈长方形，车中竖立着一柄高杠铜伞，伞下有位立姿的御官俑，车上配有铜弩、铜盾、铜箭镞等兵器。一号车是秦始皇乘舆中的立车，也叫高车，是在车队中用来开道、警卫和征伐的。

秦始皇陵铜车马是中国考古史上发现最早、体形最大、保存最完整的青铜车马，是考古所见的最大的组合型青铜器，对研究中国秦代冶炼与青铜制造技术、车辆结构等都具有极其重要的价值。它既是科技与艺术、雕塑与绘画、造型与装饰完美结合的典范，也代表了秦代高超的马车制作水平。

秦始皇陵一号铜车马

任颐《风尘三侠图轴》

书画作品，清代。

任颐，浙江绍兴人，清末著名画家。他擅长人物、肖像、花鸟、山水画。任颐自幼随父卖画，后师从任熊、任薰学画，居住在上海，仍以卖画为生。任颐与任熊、任薰、任预并称为“海上四任”，而在“四任”之中，任颐的成就最为突出。

在晚清时期的著名花鸟画家和人物画家中，任颐又与吴昌硕、蒲华、虚谷齐名，被称为“清末海派四杰”。他的绘画作品除了继承民间及传统文人画的特点，还吸收了陈洪绶、陈淳、徐渭等人的优长，吸收了西画速写、设色等方法，形成了自己多姿多彩、新颖生动的独特画风，具有雅俗共赏的艺术趣味和鲜明的时代气息。

《风尘三侠图轴》中的“风尘三侠”指的是隋末唐初的三位豪杰：虬髯客、李靖和红拂女。唐代传奇小说《虬髯客传》中记载，李靖于隋末在长安谒见司空杨素，杨素家妓红拂对他十分倾慕，随之出奔。途中他们与豪侠张虬髯结识，后一同到了太原会见李世民。虬髯客本有争夺天下之志，见李世民气度不凡，自知不能与之匹敌，遂倾尽家财资助李靖，辅佐李世民成就功业。后虬髯客到了扶余国自立为王。李靖、红拂、虬髯三人，被后人称为“风尘三侠”。任颐曾多次以风尘三侠为题作画，反映了画家对描绘反封建题材的人物画怀有炽热的创作热情，这幅《风尘三侠图轴》所画的是红拂女、李靖与虬髯客偶遇的场景，三个人的形象各具特色，神形逼真，妙趣横生。

任颐《风尘三侠图轴》

上睿《为友梅作行乐图册》

书画作品，清代。

上睿，苏州人，擅诗文，他的山水画得到了有“清初画圣”之称的王翚的指导，而花鸟画又得到了常州画派的开山祖师恽寿平的真传，人物画也得古法，继承了唐寅的笔意。

这幅画册共十二开，创作于雍正二年（1724），是作者为朋友所作的“四季行乐图”。画册中的内容或是云山游春,或是荷塘消夏,或是秋郊围猎,或是雪山访友,每开都有主题。

上睿为画册取名为“为友梅作行乐图”，表明他与梅的亲密关系，同时也反映了当时的文人墨客自娱自乐以及寻道访友的欢快愉悦。不过，“友梅”不知到底是何人，从画面构成上看，此人或为隐士，或为重要香客，或为权贵。和现在相比，古人出远门寻亲访友是一件非常困难的事。首先就是交通不便，除了官员或富裕人家出行可以骑马乘车之外，普通人出行一般都是步行，风吹日晒，很是辛苦。其次是成本太高，尽管古代官府会在道路沿途设驿站，但大多数驿站是专为官员而设的，平民百姓一般不能享受，因此普通百姓住宿往往只能选择庄园、客栈、寺庙、民宿等。再次，除了携带必要的换洗衣物、日用品、书籍外，古代普通百姓出门还要携带干粮和足够的银子，负重比较大。最后，那时候医疗保障也不完善，若谁在途中生病了，哪怕只是偶感风寒，如果得不到及时医治，也有可能客死他乡。所以古代人一旦寻亲访友成功，会倍感欣喜，《为友梅作行乐图册》所反映的正是这样一种情景。

仔细观看这幅画，画中描绘的是秋郊围猎的场景。只见猎场四周为丘陵地带，杂木、荒草交织，猎场正中有七人骑马正在围猎，他们或举枪，或挥剑，或扬鞭，或弓射，奔向兔、鹿等猎物。画面右侧的山坡处还有两队人马，一队人骑在马上，正在观看狩猎的战况；另一队人则立在马下，有人牵马，有人放马吃草，还有数人似乎是在脱衣纳凉，仿佛是狩猎归来正在休息。整幅画中共有十八个人物、二十四匹马、五只猎物。而这十八个人物神情不一、形态各异，画家将围猎、观猎、休息时人们的各种神态、动作表现得淋漓尽致。二十匹马中有白马、黑马、棕马、斑点马等，画家将马的奔跑、站立、休闲、吃草等姿态也刻画得惟妙惟肖，甚至猎物逃命时的神态、动作等也不尽相同，个个栩栩如生。

画家能在咫尺画幅中描绘出这么多的人物和动物，可见其绘画的写实功力、造型能力和艺术水平之高。画中人物衣纹以“游丝描”“曹衣描”和“钉头鼠尾描”为主，动物则先勾后染。人物的色彩、马的色彩与青绿山石、枯黄草地的色彩形成呼应与融合。整个画面虽然色彩繁多，但毫无凌乱感，既给人以视觉冲击，也给人以美的享受。

上睿《为友梅作行乐图册》

RELATED POEMS

2.5 相关诗词

兵车行

杜甫

车辚辚，马萧萧，行人弓箭各在腰。
耶娘妻子走相送，尘埃不见咸阳桥。
牵衣顿足拦道哭，哭声直上干云霄。
道旁过者问行人，行人但云点行频。
或从十五北防河，便至四十西营田。
去时里正与裹头，归来头白还戍边。
边庭流血成海水，武皇开边意未已。
君不闻汉家山东二百州，千村万落生荆杞。
纵有健妇把锄犁，禾生陇亩无东西。
况复秦兵耐苦战，被驱不异犬与鸡。
长者虽有问，役夫敢申恨？
且如今年冬，未休关西卒。
县官急索租，租税从何出？
信知生男恶，反是生女好。
生女犹得嫁比邻，生男埋没随百草。
君不见青海头，古来白骨无人收。
新鬼烦冤旧鬼哭，天阴雨湿声啾啾。

洛阳博物馆特色藏品图

3 暖日乘轿

3. 暖日乘轿

舆轿是中国古代一种特殊的交通工具，是没有轮子的“车”，由人抬着前进。它既带有传统的等级观念，也与婚礼等民俗文化密不可分。它是由中国古代的车子发展而来的，又成为近现代人力车的雏形。虽然如今舆轿已经成为历史符号，但它作为中国传统文化的一个缩影，影响深远。

THE DEVELOPMENT HISTORY OF SEDAN CHAIR

3.1 舆轿的发展史

据史书记载，舆轿最早产生于夏代初期。《史记·夏本纪》记载：“陆行乘车，水行乘船，泥行乘橇，山行乘檋（jū）。”这个“檋”的特点就是由两个或者多个人共抬，所以人们也称它为“舆”（“舆”的甲骨文字形就是四只手抬着一辆车）。“舆轿”一词最早见于《汉书·严助传》，其中有“舆轿而逾领（岭）”一句，意思是乘着轿子过山。

我们今天能见到年代最早的舆轿实物来自春秋末期。1978年，河南固始侯古堆一号墓出土了三乘木质的舆轿，它们由底座、边框、立柱、栏杆、顶盖、轿杆和抬杆等几部分构成。底座是长方形的，顶盖仿四面坡的屋顶形式，轿身四周原来应有帷幔围住，前开小门供乘坐者出入，轿杆捆绑在底座的边框上，这和后来固定在轿身中部的形式不同。通过复原，我们可以发现当时制造舆轿的技术已经非常成熟了。

从东汉时期的武氏祠画像石上的“孝孙原谷”故事中，人们也能发现用木板制成的舆轿，叫“板舆”，形状像一副担架。画像中，原谷和他的父亲用板舆抬着祖父。

还有一种不用木板而用竹篾编成的舆轿叫箯（biān）舆，云南晋宁石寨山汉代滇人墓出土的一件铜贮贝器上就有箯舆的形象。箯舆是长方兜形的，有抬杠，但没有帷幔和顶盖，乘者坐在竹席中间，由四人肩抬而行。

到了魏晋南北朝，舆轿已经不仅用于爬山逾岭，也成为人们日常代步的工具，它的样子也发生了很大的变化。当时，舆轿可分为八杠舆、版舆、襻舆、篮舆等，但因为都是“人以肩举之而行”，所以被统称为“肩舆”。八杠舆的轿身较大，可以乘坐两人，轿上笼罩着帷幔，前面有栏杆，乘者可以倚栏而坐，抬轿的人直接把轿杆放在肩上，不用抬杠。版舆一般为民间所用，样子较为简陋，只是把一块木块固定在两根抬杠上。因为老人常乘坐版舆，所以后来也用版舆代指官吏在任迎养父母。一般的舆轿由四人肩抬，四周有帷幔，顶上还加饰华盖。我们从山西大同北魏司马金龙墓中出土的朱漆彩绘屏风上就能看到肩舆的形象，少数民族地区也盛行肩舆。

盛唐时，舆轿的种类就更多了，有步辇、担子等。唐代的舆轿普遍采用与以往不同的抬轿方式：轿夫将襻带的一头系挂在杠端，一头系挂在肩头，双手下垂提杠而行，而不是直接把轿杠抬在肩上，这样做可以降低舆轿的重心，使乘坐者感觉更加稳当安全。所以这种舆轿又被称为“腰舆”。

宋代以前，舆轿多被称为“舆”，宋代以后，才出现“轿子”一词。唐宋时期，随着胡人的风俗渐渐向中原地区渗透，生活在这里的人的生活习俗也发生了一大变化，即由席地而坐转变成垂腿而坐。于是，家具发生了巨大的变化，如出现了高脚的桌椅。接着一系列的生活用品也发生了变化，轿子也是其中之一，这时候的轿子一般为立式长方体，四周全部被遮蔽住，左右开窗，门上挂帘，有盔帽式的顶盖，四角上翘，乘坐者也是垂腿而坐。

在《清明上河图》中，我们常常可以见到由两个人抬着的轿子，又被称为“担子”。从宋代开始到近代，轿子基本上保持了这种外观，只在材料质地、装饰纹样、尺寸大小、抬轿人数上有所不同。元代时，虽然善于骑马的蒙古族入主中原，但是大部分人乘轿子的习俗一直没有改变。

到了明代，轿子又被分为“显轿”和“暖轿”。显轿是一把两边绑有竹杠的靠椅，椅下有踏脚板，顶上有遮阳伞，四周无帷幔，乘轿人显露在外，它结构简单，乘坐起来很凉快，所以又被称为“凉轿”。暖轿就类似于宋代的担子了，因为四周的帷幔围得严实，冬天也不透风，故称暖轿。1960 年，位于上海卢湾区的明代墓葬中就曾出土过木质显轿和暖轿各一顶，同时出土的还有抬轿的木俑呢。

THE MYSTERY IN SEDAN CHAIR

3.2 轿子里的大学问

从明代开始，出现了大量冗杂烦琐的舆轿礼仪规范，上至皇帝，下至平民，都要遵守这些规范。

清代延续了明代的一些制度，乘轿的规范就是其中之一。清代皇帝乘坐的轿子叫“舆”。礼舆是最尊贵、最豪华的轿子，皇帝只有在祭天和祭祖时才乘坐，需要用 16 个轿夫抬行。步舆是皇帝在皇城中巡游时乘坐的显轿。轻步舆是皇帝到皇城外狩猎、巡视时坐的轿子，规格比步舆稍小。便舆则是时刻伴随在皇帝身边的小轿，以便皇帝在宫廷里、园囿内随时乘坐。

清代的王公大臣每个人都有自己的显轿、暖轿各一顶，但质地、纹饰是不同的，多使用蓝呢或绿呢做轿帷，所以有“蓝呢官轿”“绿呢官轿”的说法。轿子还有官轿和民轿之分。官轿等级森严，根据乘坐者官品和身份的不同，他们所乘轿子的质地、装饰、大小、轿夫的数量都不一样。清代规定，凡是三品以上的京官，在京城乘“四人抬”，出京城乘“八人抬”；外省督抚乘“八人抬”，督抚部属乘“四人抬”；三品以上的钦差大臣，乘“八人抬”。民轿则是黑油、平顶、皂帏、二人抬的小轿。

SEDAN CHAIR AND RICKSHAW

3.3 轿子与黄包车

大家应该在各种影视剧中见过黄包车，这是一种用人力拖拉的双轮客运工具，又称“人力车”，是在清末出现的。当时，它和轿子共存于世。

1874 年 1 月，黄包车从日本进入上海，因原产于日本，当时又被称为“东洋车”。民国初年，黄包车已风靡北京、上海、武汉等大城市。到了 20 世纪初，上海公共租界内每五人就拥有一辆黄包车，法租界内每两人就拥有一辆黄包车。在 20 世纪二三十年代，上海黄包车的数量比汽车多很多，有五六万辆，成为当地主要的客运工具之一。抗日战争爆发前夕，黄包车的数量更是急速扩张到八万辆，车夫有将近二十万人。

APPRECIATION OF THE EXHIBITS

3.4 展品赏析

粉彩麒麟送子粉缸

陶瓷，中华民国。

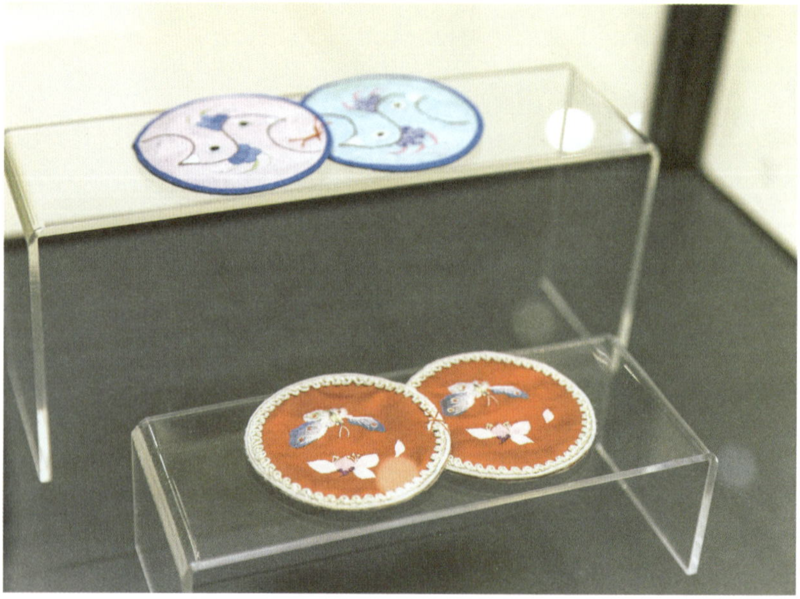

盘金平针鸳鸯油面塌一对

丝绣，中华民国。

红底平针轿衣一套

丝绣，中华民国。

RELATED POEMS

3.5 相关诗词

南歌子·万万千千恨

辛弃疾

万万千千恨，前前后后山。傍人道我轿儿宽。不道被他遮得、望伊难。
今夜江头树，船儿系那边。知他热后甚时眠。万万不成眠后、有谁扇。

4 一路飞驰

"

4. 一路飞驰

汽车，作为人类文明和智慧的结晶，实现了人类自由移动的梦想，体现了人类热情、进取、永不言败的探索精神和精益求精的工匠精神。汽车跨越时空，不断进化，让人类拥有了新的出行方式和新的梦想，同时汽车也改变着社会文化以及人们的生活方式，它见证了百年来的城市发展与生活变迁。

THE BIRTH OF CAR

4.1 汽车的诞生

在汽车诞生之前的漫长岁月中，
车辆一直是由人力或畜力驱动的，
直到 18 世纪人类发明了动力机械后，
才出现了机动车。

1600年，荷兰数学家、工程师西蒙·斯蒂文曾造出“双桅风帆车”。他为一艘双桅帆船装上了车轴和车轮，在风力的驱动下，风帆车能载着28位乘客，以34千米/时的速度行驶。不过，风帆车最大的缺点是在逆风和无风的情况下都无法行驶。

1649年，德国纽伦堡的钟表匠汉斯·郝丘制造了一辆发条式汽车。这辆车行驶的速度非常慢，还不到1.6千米/时，而且每前进230米，就得重新拧紧一次发条，实在是太麻烦了。不过，在当时它也算得上稀罕物了，瑞典王子卡尔·古斯塔夫花重金买下了它。

1769年，法国工程师尼古拉斯·古诺把蒸汽机装到了一辆马车上，制造了没有马拉的“马车”。这辆车总长7.3米，非常笨重，人操纵起来也十分费力，在试车时还撞到了墙上，被认为是世界上第一起机动车事故。

古诺之后，欧洲大地上掀起了研制蒸汽汽车的热潮。蒸汽汽车的技术水平迅速提高，到19世纪初已进入实用阶段，英国、法国、德国都开始用蒸汽汽车进行运输，蒸汽汽车逐渐繁荣起来。1865年，英国颁布了《红旗法》，规定蒸汽汽车的行驶速度不能超过6.5千米/时，行驶中遇到马车，应有人在前面手执红旗开路，请马车和行人避让，如果是在繁华街区遇到马车，蒸汽汽车应停车避让。

1885年，卡尔·本茨造出了第一辆三轮汽车。1886年1月29日，是历史上值得纪念的一天，卡尔·本茨为这辆三轮汽车向德国专利局申请了专利，因此，这一天被公认为汽车的诞生日。1886年，戈特利布·戴姆勒发明了四轮汽车。1926年，本茨和戴姆勒合并成立戴姆勒-奔驰汽车公司，开始小规模地生产内燃机和汽车。他们二人首先把汽车与工业生产联系在一起，并把汽车推向了历史舞台，这是具有划时代意义的功绩。从那时起，汽车迅速成为交通工具中的主角，马车很快被淘汰了。

从1886年到20世纪初，汽车虽然诞生了，但仅仅具备汽车最基本的功能——自动行驶，内部结构还不完善，性能也不稳定，驾驶员操纵起来也很费力。19世纪末，很多汽车专家的主要精力都用在开发和改进汽车的结构上，以使汽车尽快能够达到更加实用的水平。从20世纪初到40年代，汽车技术的进步则主要集中在汽车的使用性能上，包括汽车的动力性、制动性、平顺性、通过性和可靠性等。

与此同时，汽车外形的发展也成了汽车“进化”的一个方向。1925年,福特汽车公司推出的T型车奠定了箱形汽车的基本造型，完成了汽车车身的第一次大飞跃，这样的造型被沿用了 20 多年。福特汽车公司的 T 型车也是第一款流水线生产的汽车，量产化使得汽车真正进入了寻常百姓家。

CAR ENTERS SHANGHAI

4.2 汽车进入上海

1901年，第一辆汽车登陆上海，当时的房地产大亨周湘云拥有了上海第一张汽车牌照。另一位地产大王、犹太富商哈同则是上海最早购买汽车的人。1908年9月18日，美商环球供应公司百货商场购置了五辆凯迪拉克汽车，为顾客提供汽车出租业务，这也是上海最早的出租汽车。1911年8月7日，上海有了第一家正式的出租汽车公司，公司设在南京路上，乘坐者大多是居住在西区的大企业的高级职员。1933年，上海拥有出租汽车公司95家，汽车总量有八九百辆。

同样是1908年，3月5日，由上海英商电车公司经营的第一条有轨电车线路正式通车，这意味着上海现代公共交通正式起步。到了1911年，公共租界总计开通了8条有轨电车线路，线路总长41.1千米，总共拥有有轨电车65辆。

1914年11月15日，第一条自郑家木桥（今福建中路延安东路口）至老闸桥（今福建中路北京东路口）的无轨电车线路开通，全线仅长1.1千米，它不需要铺设路面轨道，使用非常灵活自由。而我们现在较为常见的单层公共汽车是在1922年8月13日开始投入使用的，华商董杏生成立了上海公利汽车公司，他将卡车改装成公共汽车，成了上海最早的公共汽车经营商。1934年4月1日，上海有了双层公共汽车，开通的第一条线路是由静安寺沿南京路开往虹口公园。

1958 年 9 月，一辆造型新颖大气的小轿车驶出了上海汽车组装修配厂的车间，上海人给这辆轿车取了个漂亮的名字——凤凰。1964 年，“凤凰”牌改称“上海”牌，此后 27 年里一共有 77000 多辆车被生产出来。1991 年 11 月 25 日，上海轿车厂生产了最后一辆“上海”牌轿车。“上海”牌轿车是 1978 年以前中国唯一大量生产的公务型轿车。

1983年，上海汽车制造厂用散件组装出了第一批桑塔纳轿车，桑塔纳轿车的出现圆了很多中国家庭拥有自己的汽车的梦想，也是中国汽车业发展的重要标志。

PEOPLE'S ENVISION OF FUTURE CARS

4.3 人们对未来汽车的设想

汽车诞生一百多年来，给人们带来了方便、快捷和享受，但同时也引发了一些问题，例如环境污染、能源消耗等，这些问题已经深刻影响到人类的生存与发展。汽车在驱动世界、方便生活的同时，也成了安全的“杀手”。鉴于能源问题、环保问题和安全问题已成为困扰汽车业发展的三大难题，未来的汽车必须推陈出新，制造拥有节能、高效、少污染、人性化和高安全性等特征的新型汽车，是人类努力的方向。

APPRECIATION OF EXHIBITS

4.4 展品赏析

古董车标

玻璃，20世纪30年代。

对于古董车而言，车标不仅代表了汽车的品牌，也代表了车主的审美品味。20世纪10至40年代，车辆出厂之初，车主们可以要求厂家为他们定做属于自己的立标，也有人不惜花大价钱请金属或玻璃工艺师来打造车标。这些傲立于车头的艺术品，体现出一种充满个性、优雅的生活态度。

古董车标

这里展出的几件玻璃材质的立标尤为特殊，它们出自法国珠宝艺术家勒内·拉里克的工厂，勒内·拉里克被称为“现代珠宝发明人”“玻璃诗人”，他设计的立标形象以动物、神话人物、女性为主，例如仰跪着的女人这一车标的原型是古希腊神话中的女祭司克莱西斯。

今天的汽车业属于现代化制造产业，正因为如此，曾经由手工打造的汽车及车标才更显珍贵，可以说是传世的经典，它们承载着的不仅是精妙的技艺，更是工匠们的匠心。

1921年劳斯莱斯幽灵

金属、橡胶、木，1921 年。

20 世纪初，汽车发展还处于起步阶段，那时人们最关心的问题是汽车的可靠性。这辆劳斯莱斯幽灵堪称汽车工艺与汽车技术进步的典范。1907 年，劳斯莱斯为了展示自己的造车工艺，参加了可靠性测试。凭借着银色车漆和低噪声发动机，劳斯莱斯汽车获得了“银色幽灵”的称号。在测试中，劳斯莱斯汽车能够在无需维修的条件下行驶超过 5000 英里，这一数字相当于当时其他品牌车辆年行驶里程的两倍。劳斯莱斯作为皇家的代名词，其豪华之处不仅在于手工打造，更体现在车辆的可靠性上。

1921年劳斯莱斯幽灵

RELATED POEMS
4.5 相关诗词

夏天（节选）

北岛

醒来，
远处公路上的汽车像划不着的火柴，
在夜的边缘不断擦过。
鸟嘀咕，
若有若无，
破晓时变得响亮。

5 展览简介

EXHIBITION OVERVIEW

5.1 展览概况

《行以致远——水陆出行掠影生活展》由上海汽车博物馆与苏州博物馆联合举办，通过“不系之舟”“信马由缰”“暖日乘轿”“一路飞驰”四个篇章，聚焦四类水陆交通工具，将现代科技产品和文物联系在一起，讲述水陆出行方式的发展，体现了人们在适应社会发展中选择的主动性与多样性，表达了人们追求梦想、自由与美好生活的需求。这次展览甄选了近八十件藏品，其中一级文物四件，等级文物二十余件。通过了解不同的交通工具以及关于交通工具的文物，我们可以感受到，人们在满足自身物质文化需求的同时，在精神层面也不断为了实现进步、自由的美好生活而努力。这次展览入围了国家文物局2020年度“弘扬优秀传统文化、培育社会主义核心价值观”100个推介展览，并同步亮相于2020年第八届上海国际青少年科技博览会线上展会。

江南好，风景旧曾谙。

A Great View of Jiangnan,
Old Memories awakened on brilliant sceneries.

主办单位：
上海汽车博物馆
苏州博物馆

支持单位：
上海市科技艺术教育中心
苏州市文物局
中国博物馆协会传媒专业委员会
新蕾出版社
别克
雪佛兰
敬华艺术空间
上海乐高探索中心
元祖梦世界
混知
缪斯博物
麦艺文化

行以致远

Travel Far Aim High

水陆出行掠影生活展

Water and Land Transportation Lifestyle Exhibition

2020.07.16 — 2020.10.14

COLLECTION LIST

5.2 藏品清单

清单一 苏州博物馆特色藏品

序号	名称	材质	时代
1	白玉人物槎	玉	清代后期
2	五彩鱼藻小碗	瓷	明万历时期 （1573—1619）
3	彩绘鲤鱼	瓷	宋代
4	广彩人物渔船碗	瓷	清代
5	金鱼形带钩	金、银	——
6	祝昌 《溪山无尽图卷》	纸	清代 （1644—1911）
7	陆治 《唐人诗意山水册》	纸	明代 （1496—1576）
8	顾凝远 《吴中名胜十景册》	纸	明代
9	张宏等 《八家送寇慎去官图册》	纸	明代
10	张赵白山 《金陵四十八景图册》 （设色）	纸	现代

序号	名称	材质	时代
11	王振鹏 款《避暑图》（设色）	绢	古代
12	上睿《为友梅作行乐图册》（青绿、设色、墨笔）	纸	清代
13	吴大澂、陆恢《補汪鸣銮廿九岁小像》（设色）	纸	清代
14	任颐《风尘三侠图轴》	纸	清代（1840—1896）
15	尤求《白描饮中八仙图卷》（白描）	纸	明代
16	任预《射雁图》（设色）	纸	清代
17	张问陶《国门秋饯图卷》（设色）	纸	清代
18	无款 临《清明上河图卷》（设色）	绢	清代
19	铜车马饰	铜	周代
20	猪头形车马饰	铜	西周时期
21	虎头车器（辖）	铜	周代
22	铜轴头	铜	战国时期
23	红木镶镜箱	杂件	中华民国
24	紫红底平针绣花卉头盖	丝绣	中华民国
25	中华民国粉彩和合二仙胭脂缸	陶瓷	中华民国

序号	名称	材质	时代
26	粉彩麒麟送子粉缸	陶瓷	中华民国
27	粉彩刨花缸	陶瓷	中华民国
28	平针绣福在眼前油面塌一对	刺绣	中华民国
29	盘金平针鸳鸯油面塌一对	丝绣	中华民国
30	平针绣花蝶油面塌一对	丝绣	中华民国
31	盘金平针帖绫绣和合油面塌一对	丝绣	中华民国
32	珠绣花卉油面塌一对	丝绣	中华民国
33	三寸金莲	丝绣	清代末期
34	清末描金箱	杂件	清代末期
35	清末描金拜箱	杂件	清代末期
36	清末红漆描金拜盒	杂件	清代末期
37	红底平针轿衣一套	丝绣	中华民国
38	象牙雕人物船	象牙	——
39	船模“山塘彩舫”	木	2004年
40	橄榄核雕《渔舟唱晚》	核雕	20世纪
41	红木雕《大辂车》	红木、象牙	20世纪

清单二 上海汽车博物馆特色藏品

序号	名称	材质	时代
1	铜车马	铜	现代仿制品
2	劳斯莱斯幽灵	金属、橡胶、木	1921年
3	早期营业性 公共马车模型	树脂、塑料	现代
4	奔驰一号车模型	金属、木	现代
5	1：24车模 1929 劳斯莱斯幻影I	合金	现代
6	1：24车模 1930 福特A型车	合金	现代
7	1：24车模 1932凯迪拉克V16	合金	现代
8	1：24车模 1941凯迪拉克弗利特伍德	合金	现代
9	电车张贴画	纸	现代
10	特洛伊战士古董车标	金属	20世纪20年代
11	吹喇叭的小孩古董车标	金属	20世纪20年代
12	古董车标	玻璃	20世纪30年代
13	鹰头古董车标	玻璃	1945年
14	老式汽车喇叭	金属	1910年
15	老式方向盘	金属	20世纪20年代

序号	名称	材质	时代
16	伯明翰外置车用旅行皮箱	皮、木	20世纪10年代
17	老式黄铜车灯	金属、玻璃	20世纪10年代
18	化妆箱	金属、玻璃、木	20世纪20年代
19	野餐箱	金属、瓷、木	20世纪20年代
20	莱卡相机套装	金属	1938年
21	行李包	木、皮	20世纪20年代
22	贝尔302电话机	金属	1937年
23	飞行女人车标	金属	20世纪20年代
24	仰跪着的女人车标	水晶	1931年
25	马球运动员造型车标	金属	20世纪10年代

清单三 洛阳博物馆特色藏品

序号	名称	材质	时代
1	镂孔铜銮铃	铜	西周
2	铜銮铃	铜	西周
3	西周夔龙牛首纹铜车饰	铜	西周
4	凤鸟纹马镳及马衔	铜	西周
5	铜车毂	铜	西周
6	铜车衡	铜	西周
7	夔凤纹铜辕饰	铜	西周
8	人形铜车辖	铜	西周
9	弦纹铜軎辖	铜	西周
10	鳞羽纹铜軎辖	铜	西周
11	兽首铜辖	铜	西周
12	镂空兽头铜饰	铜	西周
13	云雷纹铜辕首饰	铜	西周
14	夔凤纹铜辕饰	铜	西周
15	铜辖	铜	西周

序号	名称	材质	时代
16	饕餮纹铜轴饰	铜	西周
17	“兽”字铜当卢	铜	西周
18	铜车饰	铜	西周
19	铜车饰	铜	西周
20	铜车饰	铜	西周
21	铜车饰	铜	西周
22	铜衡饰	铜	西周
23	铜轴饰	铜	战国
24	铜轴饰	铜	战国
25	兽面纹铜轴饰	铜	西周
26	铜轭饰	铜	西周
27	“兽”字铜当卢	铜	西周
28	铜马	铜	春秋
29	鎏金铜马	铜	汉代
30	彩绘狩猎纹壶	铜	汉代
31	骑射画像空心砖	——	西汉

序号	名称	材质	时代
32	骑马射虎画像空心砖	——	西汉
33	彩绘陶骑马盔甲武士俑	陶	北魏
34	彩绘陶甲骑具装俑	陶	北魏
35	彩绘陶甲骑具装俑	陶	北魏
36	彩绘陶马	陶	北魏
37	三彩白马	陶	北魏
38	三彩白马	陶	北魏
39	三彩红马	陶	唐代
40	三彩骑马击鼓俑	陶	唐代
41	三彩骑马男俑	陶	唐代
42	三彩骑马男俑	陶	唐代
43	三彩风帽骑马女俑	陶	——
44	陶雕板	陶	五代后梁
45	三彩奔马纹枕	陶	宋代
46	青釉青花釉 里红开光瓷方瓶	陶	清代
47	衔及铜泡若干	铜	清代

http://www.shautomuseum.com/topic/xyzy/mobile/index.aspx
欣赏更多藏品，敬请登陆“行以致远——水陆出行掠影生活展”网上展厅。

以
行
水陆出行掠影生活展
Water and Land Transportation
Lifestyle Exhibition
2020.07.16-2020.10.14

vel Far
Aim High
致
远
海汽车博物馆
苏州博物馆
-联合主办-

SPONSOR INTRODUCTION

5.3 主办单位简介

上海汽车博物馆位于上海汽车博览公园内，是上海第一家融汽车历史、人物、技术和创意于一体的专业博物馆，于 2004 年初开始筹建，2006 年 10 月 24 日落成，2007 年初正式对外开放。“空间的沟通与融汇，视觉的穿透与交流”是上海汽车博物馆建筑设计的精髓。博物馆建筑形态采用了大量流动的曲线，展现了汽车在高速状态下的运动轨迹，也使观众能够在曲线的展览区域中穿梭，从而更加自由随性。

博物馆共有 5 层，展示面积约 1 万平方米，设有历史馆、珍藏馆、探索馆以及临展区等 4 个功能不同的展示区域，近 50 个品牌的上百辆经典古董车陈列其中，向观众呈现了汽车百年发展的精彩瞬间。

历史馆位于上海汽车博物馆一层，以百年汽车发展历史为线索，展示了汽车发展的历程，反映了汽车对人类社会发展的重大影响。珍藏馆内的展品涵盖了百年间出品的近 40 款珍贵古董车，这里拥有齐全的古董车模型系列，1∶8 超大比例模型，车身细节纤毫毕现。探索馆则在汽车构造、动力、安全、舒适以及汽车的未来等方面为观众进行系统而丰富的阐述，让观众在动手动脑中进入汽车的科技世界。

苏州博物馆成立于1960年元旦，是地方综合性博物馆，也是苏州文物收藏、保护、研究、展示和教育中心。苏州博物馆馆藏文物21266件/套，其中一级文物222件/套、二级文物829件/套、三级文物8564件/套，其中尤以历年考古出土文物、明清书画、工艺品见长。此外，苏州博物馆还收藏有古籍善本768种4177册，普本32194种103283册，是全国古籍重点保护单位。

苏州博物馆馆址太平天国忠王府是首批全国重点文物保护单位，是国内保存至今最完整的一组太平天国历史建筑物。1999年苏州市委、市政府邀请享誉世界的华人建筑师贝聿铭设计了苏州博物馆新馆。

2006年10月6日，苏州博物馆新馆建成并正式对外开放。新馆占地面积约10700平方米，建筑面积19000余平方米，加上修葺一新的太平天国忠王府，总建筑面积达26500平方米，与毗邻的拙政园、狮子林等园林名胜构成了一条丰富多彩的文化长廊。

洛阳博物馆成立于 1958 年，现馆舍 2009 年建成，2011 年 4 月正式对外开放，建筑面积 4.2 万平方米，外形如大鼎屹立，寓意“定鼎洛邑”“鼎立天下”，体现了洛阳作为十三朝古都的历史内涵和特色，是洛阳市靓丽的文化名片和文化地标。